SOUVENIRS

DU

SIÈGE DE STRASBOURG

1870

Le Combat du pont d'Illkirch

(Sortie du 16 août)

Récit d'un témoin, le sergent Léon CAÏN, 1er maître d'escrime
du 17e Bataillon de Chasseurs à pied.

*(Se vend au profit de l'entretien des sépultures des combattants français
tombés au calvaire d'Illkirch.)*

PRIX : **2** FRANCS

PARIS

SOCIÉTÉ FRANÇAISE D'IMPRIMERIE ET DE LIBRAIRIE

(ANCIENNE LIBRAIRIE LECÈNE, OUDIN ET Cie)

15, Rue de Cluny, 15

1902

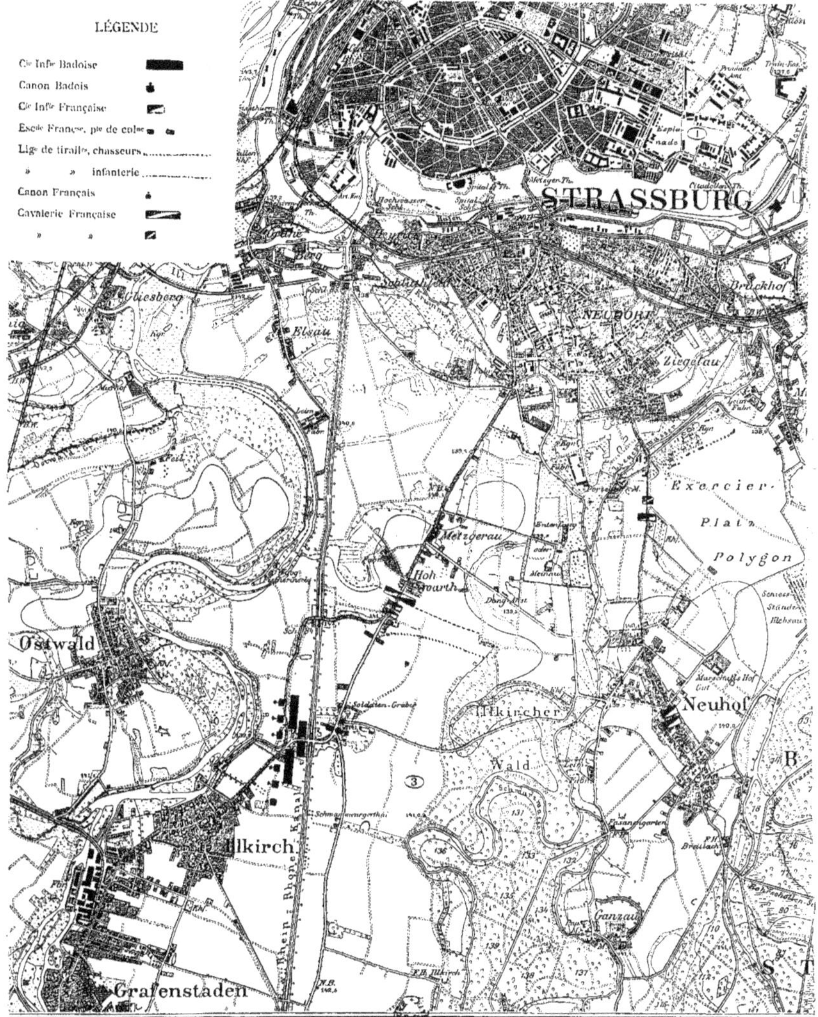

Maſsstab $\frac{1}{25000}$ der natürlichen Länge

Einzelne Nachträge 1889.

SOUVENIRS

DU

SIÈGE DE STRASBOURG

1870

Le Combat du pont d'Illkirch

(Sortie du 16 août)

Récit d'un témoin, le sergent Léon CAÏN, 1er maître d'escrime
du 17e Bataillon de Chasseurs à pied.

*(Se vend au profit de l'entretien des sépultures des combattants français
tombés au calvaire d'Illkirch.)*

PRIX : **2** FRANCS

PARIS

SOCIÉTÉ FRANÇAISE D'IMPRIMERIE ET DE LIBRAIRIE

(ANCIENNE LIBRAIRIE LECÈNE, OUDIN ET Cie)

15, Rue de Cluny, 15

1902

A LA MÉMOIRE DE MES CAMARADES

Tombés au combat du pont d'Illkirch, lors de la sortie du 16 août 1870,

AU SOUS-LIEUTENANT BERNARD HOMPS,

AUX 42 COMBATTANTS.

A MONSIEUR LE MINISTRE DE LA GUERRE

à Paris.

Monsieur le Ministre,

Au moment où le grand état-major français prépare l'historique de la guerre de 1870-71, je crois de mon devoir d'ancien soldat et de témoin oculaire de réagir contre les récits inexacts qui concernent la sortie du 16 août 1870, effectuée pendant le siège de Strasbourg.

Des publications récentes rééditent encore, après 32 ans, les inexactitudes de la première heure ; la constatation de ces persistantes erreurs ne me permet pas de tarder plus longtemps à vous présenter le récit de cette sortie du 16 août 1870.

Il eût semblé naturel que la voix plus autorisée d'un de mes chefs se fût fait entendre à cette occasion ; mais il se trouve aujourd'hui que je reste le dernier survivant des gradés qui combattirent sur ce point ; je me détermine donc à placer sous vos yeux ce récit, inspiré par le souci de faire la lumière sur un événement où, du côté français, toutes les circonstances parurent se coaliser pour couvrir les faits d'un voile épais.

Il importe de faire connaître :

Que les rapports présentés au général Uhrich, gouverneur de Strasbourg, sur la sortie du 16 août 1870, sont incomplets ; ils ne relatent ni le combat du pont d'Illkirch, qui fut la principale action de cette sortie, ni la perte, sur ce point, des trente tués, blessés et prisonniers qui en fut la conséquence.

Il est non moins essentiel d'établir :

Qu'il y eut combat, et combat soutenu au pont d'Illkirch, contre les forces allemandes concentrées en ce point.

Enfin il est juste de défendre la mémoire de ceux de mes camarades qui tombèrent en face de ce pont, devant lequel ils ne présentèrent qu'une force minime : *quarante-deux hommes* contre plus de *huit cents Allemands*, appuyés d'une batterie lourde.

Voici les chiffres :

DU CÔTÉ FRANÇAIS

2 détachements, chasseurs et infanterie :	36 hommes		42 hommes.
—	—	1 officier	
—	artillerie :	6 hommes	1 officier.

DU CÔTÉ ALLEMAND

3 compagnies, infanterie badoise.	.	750 hommes	889 hommes.
—	—	15 officiers	
2_e batterie lourde, artillerie badoise.	139 hommes		19 officiers.
—	—	4 officiers	

Si la version allemande est véridique sur plusieurs points, il importe de réfuter énergiquement celles des affirmations qui tendent à établir que les 5ᵉ, 6ᵉ et 8ᵉ compagnies du 2ᵉ bataillon du 3ᵉ régiment badois et la 2ᵉ batterie lourde, en position au pont d'Illkirch, avaient eu à combattre contre toutes les forces combinées des troupes désignées pour la sortie : du côté français, quarante-deux hommes à peine se trouvèrent au feu, et y restèrent jusqu'au bout, isolés de tout soutien.

La version allemande ne dit vrai que lorsqu'elle signale le combat du pont d'Illkirch comme étant l'action principale de la sortie du 16 août et lorsqu'elle relate l'impétuosité du mouvement en avant de la pointe de colonne des Français.

A l'appui de mon récit je signalerai à votre bienveillante attention les documents ci-après énumérés :

I. La reproduction de la carte officielle du gouvernement prussien au 1/25.000 du sud-ouest de Strasbourg (tirage de 1899) mentionnant les sépultures des soldats français inhumés à l'endroit même où ils tombèrent, ainsi qu'une légende ajoutée par mes soins, indiquant l'emplacement respectif des différentes forces en présence.

II. Un extrait du récit de la guerre franco-allemande de 1870-71 par le grand état-major prussien.

III. Un extrait de l'*Histoire du siège de Strasbourg en 1870*, par Reinhold Wagner, capitaine au corps des ingénieurs (Berlin, 1874), traduction.

IV. Un extrait de l'historique du 45ᵉ régiment français d'infanterie de ligne (1887) relatant la part prise par un détachement de ce corps au combat du pont d'Illkirch, le 16 août 1870, avec perte de 14 hommes.

V. La reproduction photographique du monument élevé, par souscription des habitants d'Illkirch-Grafenstaden, à la mémoire de nos malheureux camarades tombés en cet endroit.

VI. Dix-sept lettres-documents se rattachant à ce combat.

J'ai l'honneur de me dire, avec le plus profond respect,
Monsieur le Ministre,
Votre très obéissant et dévoué serviteur,

Léon Caïn,

Professeur d'escrime à l'Ecole normale supérieure,
au Lycée Janson-de-Sailly,
Ancien 1ᵉʳ maître du 17ᵉ bataillon de chasseurs à pied
et du 103ᵉ régiment d'infanterie.
Officier de l'Instruction publique.

INTRODUCTION

Aucun des récits publiés jusqu'ici sur le siège de Strasbourg, et plus particulièrement sur la sortie du 16 août 1870, ne relate les faits dans leur entière exactitude.

Les rapports sont muets sur les principaux incidents de cette sortie, sur ceux-là mêmes qui ne doivent pas être ignorés, puisqu'ils jettent un peu d'éclat sur nos armes au milieu de cette malheureuse journée.

La sortie du 16 août vers le pont d'Illkirch avait pour but de dégager ce pont ainsi que la ligne du canal. L'action, dès le début, fut très vivement entamée.

La pointe d'attaque lancée par le colonel Fiévet avait abordé avec un tel élan la grand'garde badoise, qu'une partie de celle-ci avait fléchi.

Si, profitant de ce trouble, le soutien resté à Hohwarth avait appuyé le mouvement, le pont d'Illkirch et la ligne du canal tombaient entre nos mains et le résultat du combat devenait tout autre.

Les hommes qui composaient cette pointe d'attaque n'avaient pas été triés sur le volet ; mais ils avaient reçu des ordres précis, et ils avaient marché résolument ! Si leurs camarades restés en arrière avaient reçu les mêmes ordres, ils les auraient exécutés avec le même entrain.

La fatalité voulut que le colonel Fiévet tombât grièvement blessé à l'entrée du village dès le début de cette action. Dès lors, personne n'osa assumer la responsabilité de continuer la suite des opérations ou de donner des ordres de retraite; il s'ensuivit un désarroi, dont la pointe d'attaque fut doublement victime. Oubliée sur le lieu du combat, elle le fut aussi dans les récits ultérieurs au profit du soutien, qui, maintenu dans un rôle absolument passif, ne brûla pas une cartouche et qui, n'ayant pas été engagé, n'eut aucun choc à soutenir ; ce soutien n'aurait pas dû ignorer cependant qu'il y avait en avant de lui trois pièces abandonnées et que la pointe d'attaque se trouvait aux prises avec des forces disproportionnées.

Faute de sang-froid et de documents exacts, que de choses n'at-on pas écrites sur cette sortie du 16 août 1870 ? Pour les uns:

« La colonne française s'avança jusqu'à ce que les Badois, embus-

« qués dans les taillis au bord de la route, la surprirent par une vive
« fusillade. Les soldats étaient pour la plupart tirés du régiment de
« marche que le général Uhrich avait formé avec les fuyards de
« Frœschwiller. Ils ne firent pas preuve de vaillance en cette occa-
« sion. La cavalerie tourna bride au premier coup de feu ; une par-
« tie de l'infanterie se retira sans essayer un engagement bien sé-
« rieux, et trois petites pièces de canon furent laissées sur place
« et tombèrent au pouvoir de l'ennemi (1). »

Pour les autres :

« Cavaliers et fantassins étaient les fuyards de Wissembourg et de
« Frœschwiller ; quelques-uns de ces misérables s'étaient, tout le
« long de la route, débarrassés de leurs cartouches qui furent ra-
« massées par les habitants de la Schæckenmühl (2). »

Or, le récit qui va suivre complète celui de G. Fischbach.

D'autre part, 1° la Schækenmühl est située sur la route de Bâle,
au pont du Rhin tortueux, c'est-à-dire à plus de 3.000 mètres en
arrière du point où avait lieu le combat, et entre ces deux points ex-
trêmes se tenait le soutien ; on s'explique mal la pensée de se débar-
rasser de cartouches dont on a tant besoin en face de l'ennemi.

2° Pour mieux s'édifier à ce sujet, le lecteur voudra bien se reporter
à la lettre du sergent Maissiat, du 17ᵉ bataillon de chasseurs à pied,
qui, grièvement blessé au calvaire du pont d'Illkirch, donna sa dernière cartouche à un brave tirailleur algérien qui se trouvait seul au
milieu de nous, et en manquait aussi. Le tirailleur chargea son fusil
avec cette dernière cartouche, et fit feu sur le premier peloton
badois, qui débouchait du pont ; mais, atteint par la salve commandée par le lieutenant badois de Stipplin, il alla tomber à quelques
centaines de mètres pour ne plus se relever. Voilà l'usage qui fut
fait des cartouches !

L'exact récit que nous présentons fera comprendre pourquoi il
n'est pas aujourd'hui un seul Strasbourgeois qui, passant près du
monument d'Illkrich, sous lequel reposent nos malheureux camarades, ne se découvre pour saluer avec respect la mémoire de ceux
qui sont tombés pour la patrie, et pourquoi des mains pieuses
ornent ces tombes de fleurs au printemps et de couronnes au jour
des morts !

<hr>

(1) *La Guerre de 1870.* — Le siège et le bombardement de Strasbourg par Gus-
tave Fischbach. Paris, librairie de Joël de Cherbuliez, 1871.

(2) *Souvenir du bombardement et de la capitulation de Strasbourg,* par
P. Raymond Signouret, Bayonne, librairie P. Cazals, octobre 1872.

COMMANDANT BERNARD HOMPS

(Sous-lieutenant en 1870)

RÉCIT

Réveil. — Nous sommes campés à la citadelle, sur le chemin de ronde des fortifications, face à Kehl dont on aperçoit les batteries ; cette nuit et la matinée, calme plat ; les batteries de Kehl restent silencieuses.

11 heures 1/2 matin. — Le clairon de garde à la porte de France sonne « la Casquette », refrain du régiment de marche en voie d'organisation, à la citadelle, avec les débris des troupes venues de Frœschwiller ; le commandement en est donné au lieutenant-colonel Rollet.

Les compagnies se réunissent ; après l'appel on communique sommairement à la troupe qu'elle prend les armes pour opérer une reconnaissance dans la direction du Polygone.

Midi. — Les compagnies font par le flanc droit ; elles se dirigent vers la porte de l'Hôpital à cinquante pas de laquelle se tient le général Uhrich, adressant à chaque compagnie qui défile devant lui les paroles suivantes :

« Soldats, je confie quatre pièces de canon à votre honneur ! Souvenez-vous-en. »

Midi 1/2. — A cinq cents mètres des talus du chemin de fer de Strasbourg à Kehl, la colonne prend, au passage, l'artillerie du 5ᵉ régiment de la garnison primitive de Strasbourg, quatre bouches à feu de 8, qui se placent en queue de colonne sous le commandement du capitaine Touche ; deux escadrons de cavalerie prennent la tête sous le commandement du chef d'escadron Gosse de Serlay.

Les forces de cette reconnaissance se trouvent dès lors constituées de :

Huit cents fantassins,

Deux cents cavaliers,

Quatre pièces de canon.

Cavaliers et fantassins sont les débris des régiments ayant combattu à Frœschwiller, et ayant battu en retraite, suivant l'ordre du maréchal de Mac-Mahon, par Haguenau, Brumath et Strasbourg, pour rejoindre à Belfort le quartier général du 7ᵉ corps d'armée auquel ces groupes appartenaient. Ils ont été retenus à Strasbourg, par ordre du commandement supérieur de la place, et se trouvent ainsi appelés à concourir à sa défense. L'esprit est bon et l'attitude décidée, sans forfanterie. On sent ces hommes animés du désir de prouver combien étaient injustes l'accueil qui leur fut fait et le jugement porté contre eux, à leur arrivée, le 7 août.

1 *heure* 1/4. — Un détachement, composé d'une compagnie d'infanterie et d'un peloton de cavalerie, est chargé d'explorer le Neuhof et le Polygone, sous les ordres du commandant de Momigny, du 3e régiment d'infanterie, et d'y attendre des ordres.

Le gros de la colonne s'engage sur la route de Strasbourg à Bâle. Cette force a pour guide le nommé Rothwiller, ancien soldat du 17e bataillon de chasseurs à pied, pendant la campagne d'Italie (1859).

1 *heure* 1/2. — Nous franchissons le Rhin tortueux ; à 300 mètres environ au delà du pont, la cavalerie, sous les ordres du chef d'escadron Gosse de Serlay, descend de la chaussée pour se jeter à l'ouest et se déployer (en fourrageurs), au milieu des terrains inondés par l'Ill ; l'aile gauche trotte dans la direction de l'écluse 84 ; l'aile droite galope pour se redresser face et parallèlement au canal du Rhône au Rhin.

Cette démonstration provoque quelques coups de feu tirés des avant-postes allemands. Les fourrageurs chargent alors dans la direction du canal, où ils arrivent, superbes d'allure et d'entrain, jusqu'au pied des talus de la digue ; là, ils sont accueillis par des feux de mousqueterie à tir rapide, indiquant que les Allemands ont pris position de l'autre côté, sur la rive gauche du canal.

Nos cavaliers se replient pour venir se ranger en arrière de l'infanterie. Celle-ci, ayant accéléré sa marche, venait d'atteindre Hohwarth. A cet instant, la cavalerie, gravissant la chaussée, se rencontre avec l'artillerie qui s'avançait avec ses pièces ; il se produit alors un instant de confusion : le bon ordre est immédiatement rétabli par le général Barral, qui accompagnait la colonne, encore vêtu du travestissement grâce auquel il avait pu pénétrer dans Strasbourg, mais ayant pour insigne un képi de général sur la tête.

1 *heure* 3/4. — Sur ces entrefaites, l'infanterie avait été se masser derrière la caserne des douaniers, située à l'est de la chaussée ; deux compagnies (détachement du 17e bataillon de chasseurs à pied) reçoivent l'ordre de se déployer en tirailleurs pour explorer les terrains à l'est de la chaussée, l'aile gauche allant s'appuyer à la lisière de la forêt du Neuhof, l'aile droite longeant le bord est de la chaussée de Bâle. Ces tirailleurs sont commandés par le sous-lieutenant Liotard (1), pendant que deux autres compagnies (détachements des 45e,

(1) Un officier, quinze sous-officiers, deux cent dix caporaux et chasseurs du 17e bataillon, venus de Frœschwiller, prirent une part active à la défense de Strasbourg, sous le commandement du contre-amiral Excelmans.

50° et 56° d'infanterie et quelques zouaves et turcos), se déploient, la droite appuyée au canal du Rhône au Rhin, à 300 mètres au nord de l'écluse 84 ; la gauche longeant la chaussée de Bâle, sur laquelle elle se relie avec la droite des chasseurs. De son côté, l'artillerie s'avance avec ses pièces ; elle se met en batterie sur la chaussée même, qu'elle balaye de quelques coups de canon.

2 heures. — A cet instant les chaînes de tirailleurs ouvrent le feu, en se portant en avant et refoulant les avant-postes allemands, qu'elles ont devant elles. Les terrains que ces chaînes explorent sont en pleine culture de chanvre et de maïs, et forment un couvert très épais à cette époque de l'année. Préoccupée d'un avant-poste allemand qui est embusqué dans le fourré de la forêt, la gauche des chasseurs ralentit sa marche et engage une vive fusillade. De son côté, l'aile droite (infanterie, zouaves, turcos) suspend la sienne, pour répondre au feu des Allemands, postés à l'abri de la digue sur la rive gauche du canal.

Sur ces entrefaites, le colonel Fiévet, du 16° d'artillerie (pontonniers), vient en personne enjoindre aux escouades longeant la chaussée de Bâle, et déjà de 200 mètres plus en avant que leur centre, de se former sur cette chaussée en colonne d'attaque et de se porter en avant sur Illkirch.

Ces escouades sont composées : 1° d'un détachement du 45 régiment d'infanterie, explorant les terrains à l'ouest de la chaussée et commandé par le sous-lieutenant Bernard Homps, secondé par le sergent-major Couesnon (1) et le sergent fourrier Gastine ;

2° D'un détachement du 17° bataillon de chasseurs à pied, explorant les terrains à l'est de la chaussée et conduit par les sergents Maissiat et Caïn.

Le détachement du 45° d'infanterie prend position sur le bord ouest de la chaussée, celui du 17° bataillon de chasseurs à pied sur le bord est.

Ainsi constituée, cette colonne est forte de trente-cinq hommes environ. Elle s'élance au pas de course sous des feux convergents de front et d'écharpe, franchissant d'un seul bond les 1.000 mètres qui la séparent de l'amorce de la route du Nachtwald, où elle est accueillie par des feux rapides provenant du pont d'Illkirch, des talus de la digue le long du chemin de halage du canal du Rhône au Rhin et des bouquets de bois qui les ombragent.

Pendant ce trajet, le détachement du 45° d'infanterie lutte de

(1) Le sergent-major Couesnon, proposé par M. Homps pour le grade de sous-lieutenant, fut tué deux jours après par un obus, dans Strasbourg.

vitesse et d'entrain avec celui du 17ᵉ bataillon de chasseurs à pied pour atteindre les avant-postes allemands, qui se repliaient en toute hâte sur leur grand'garde postée au pont d'Illkirch. L'intensité du feu révèle que le pont est très fortement occupé, et oblige la colonne à chercher un abri. Elle se porte alors en avant à la hauteur du calvaire, au point où la route s'infléchit brusquement vers l'ouest pour franchir le pont du canal du Rhône au Rhin.

Le calvaire sert de point d'appui commun à un groupe du 17ᵉ bataillon de chasseurs à pied et à un autre groupe du 45ᵉ régiment d'infanterie.

Le sous-lieutenant Bernard Homps, accompagné par le sergent-major Couesnon et le sergent fourrier Gastine, établit le groupe du 45ᵉ d'infanterie à l'ouest de la chaussée, dans les taillis et les bouquets de peupliers qui avoisinent le canal et à l'abri des chaumières Zimmermann et Walter, nᵒˢ 15 et 17.

Les sergents Maissiat et Caïn maintiennent le groupe du 17ᵉ bataillon de chasseurs à pied (1) à l'est de la chaussée, et l'établissent à l'abri des granges des frères Heimbourg, portant les nᵒˢ 10 et 12 du calvaire et des arbres qui l'avoisinent ; les groupes ainsi disposés, le sergent-major Couesnon se poste près d'un arbre à gauche du calvaire, le sergent Maissiat au pied du calvaire ; le sous-lieutenant Homps, le fourrier Gastine, un tirailleur algérien, le chasseur Barthélemy, le caporal Faucheux et le sergent Caïn s'établissent sur le milieu de la chaussée de Bâle, entre le calvaire et la chaumière Walter.

Bientôt après, arrive le colonel Fiévet, suivi de trois bouches à feu (la quatrième pièce ayant eu le timon de son avant-train brisé, était restée en arrière, en avant et à l'est de la ferme Kohler près d'Hohwarth) ; deux s'arrêtent à 200 mètres en arrière et la troisième est mise en batterie à quelques pas du calvaire, sur le terre-plein en face de la grange Heimbourg. Celle-ci tire quelques décharges à mitraille (boîtes à balles) ; mais la conformation du terrain derrière lequel les Badois ont pris position ne se prête guère à un tir efficace de ces projectiles ; à peine les servants ont-ils entrepris de recharger leur pièce, après le dernier coup tiré, que les canonniers Lehner et Vigny, de la pièce du maréchal des logis Cunin, sont tués et l'artificier Grau très grièvement blessé ; le canonnier Singer reste seul debout près du chef de pièce.

(1) Les caporaux et chasseurs du 17ᵉ bataillon présents à ce moment étaient : *caporaux* : Villas et Faucheux ; *chasseurs* : Verchère, Saint-Hilary, Sellier, Faye et Barthélemy.

2 *heures* 1/2. — Au début de l'action, les Allemands occupaient le pont d'Illkirch, avec la 8e compagnie, capitaine Kappler (250 hommes) du 2e bataillon du 3e régiment badois, accourue d'Illkirch au secours de sa grand'garde. Cette compagnie s'était fortement établie des deux côtés du pont comme il est dit plus haut.

Néanmoins et malgré cette position des plus avantageuses, une très forte partie de cette compagnie avait fléchi devant l'élan du mouvement offensif des quelques escouades qui composaient notre colonne d'attaque.

Mais, presque aussitôt recueillis par les 5e et 6e compagnies (500 hommes) du 3e régiment badois, capitaines Ratzel et Seldeneck, accourus d'Ostwald au secours de la grand'garde et qu'appuyait la 2e batterie lourde (139 hommes), les fuyards reprirent position en passant d'une rive à l'autre sur une passerelle volante qu'ils intallèrent derrière l'arche en maçonnerie, presque au niveau de l'eau, masqués et couverts par la digue. Le feu de cette force considérable d'infanterie reprit dès lors avec une telle intensité que nos canonniers se trouvèrent dans l'impossibilité de faire usage de leur pièce.

Atteint presque immédiatement de plusieurs coups de feu, le genou fracassé par une balle, le colonel Fiévet ne put aller donner aux compagnies restées en arrière l'ordre de venir renforcer les escouades engagées ; il dut abandonner son commandement, sans pouvoir le transmettre au chef de bataillon de Momigny.

Les compagnies tenues en réserve et celles déjà déployées restèrent ainsi dans l'ignorance la plus absolue du mouvement offensif de chacun de ces groupes qui avaient longé la route de Bâle et entamé la lutte devant le pont d'Illkirch.

De leur côté, les conducteurs d'artillerie et les sept ou huit lanciers qui les accompagnaient, ne recevant plus d'ordre ni de direction, se tenaient immobiles et à découvert sous un tir de plein fouet des plus violents, jouant ainsi le rôle inutile de cibles vivantes.

L'avant-train de la pièce mise en batterie, près du calvaire, à 200 mètres du pont, se tenait à l'entrée du chemin qui mène à l'écluse no 84. Les deux conducteurs sont tués, et tombent de leurs montures ; les chevaux effrayés se cabrent, se dérobent et s'emballent dans la direction de Strasbourg. Ignorant de ce qui vient de se passer et croyant à un ordre donné, les autres avant-trains suivent, ainsi que les quelques cavaliers, sans songer à réatteler les pièces.

Dès lors, ne pouvant plus utiliser leurs pièces, quelques servants, avec leurs mousquetons, se joignent aux escouades engagées, protestant ainsi par la plus ferme attitude contre le départ précipité de leurs camarades. Cet appoint portait à 42 hommes environ la totalité du groupe des combattants en position devant le pont d'Illkirch.

La situation se tend de plus en plus; le feu des Allemands augmente d'intensité et leur tir, devenant en même temps plus précis, produit de nombreux vides dans nos rangs.

La hauteur du talus de la digue du canal, des deux côtés du pont, le remblai de la rampe du pont à l'endroit où elle s'infléchit brusquement vers l'ouest, les nombreux couverts et les abris multiples en ce point favorisent les Badois, qui peuvent aisément distinguer et suivre nos moindres mouvements.

De notre côté, nos abris sont devenus illusoires, sous les feux convergents de front et d'écharpe. La conformation du terrain nous empêche de voir nos adversaires et de tirer juste. L'éclair des coups de fusil, les nuages de fumée sont les seuls auxiliaires qui nous aident à diriger notre tir ; pour faire feu, nos hommes sont contraints de se démasquer ; alors des nuées de projectiles viennent de tous côtés s'abattre contre leurs abris, et celui qui met trop de temps à ajuster ou à s'abriter est immédiatement frappé.

Le lieutenant Homps fait partir ceux des blessés qui peuvent encore marcher.

2 *heures* 3/4. — L'arrivée en ligne des 5e et 6e compagnies du 3e régiment badois et de la 2e batterie accourue d'Ostwald avait permis aux Allemands d'étendre leur ligne de combat à l'est et à l'ouest du pont et de battre par des feux de front et d'écharpe la grange, le calvaire, la chaussée, les chaumières Walter et Zimmermann, ainsi que les fourrés et les taillis qui avoisinent le canal.

Le mur nord de la Grange des frères Heimbourg est le poste pour l'instant le moins éprouvé.

Déjà les soldats Putel, Cohérier, Martin, Lebon, Garnaud, Suarnet, Lucas et Devaux du 45e d'infanterie sont hors de combat. Le sous-lieutenant Homps ramène en arrière des positions qu'ils occupent les groupes qui se trouvaient être trop aventurés dans les taillis près du canal, depuis l'arrivée des renforts badois. Il leur assigne de nouveaux abris et recommande aux autres groupes de ne pas se démasquer sans la nécessité absolue de tirer.

Le besoin de renforts se fait impérieusement sentir. Mais les compagnies tenues en réserve et les chaînes de tirailleurs, arrêtées elles-mêmes à plus de 1.000 mètres en arrière, déjà n'étaient plus en vue. Comme aggravation à cette situation, les cartouches commencent à s'épuiser, et pas un clairon pour rappeler, pas un cavalier pour aller chercher du secours. On se fait passer les cartouches des blessés, dont le nombre s'élève déjà à plus de la moitié de notre effectif.

La grange, le calvaire et la chaussée sont tout à coup battus de toutes parts avec un redoublement d'intensité. Sous ce feu d'une violence inouïe, la position n'est plus tenable ; trop à découvert sur le milieu de la route, nous sommes contraints, pour nous garer de cet ouragan de fer, d'appuyer vers le bord ouest de la chaussée, pendant que le seul tirailleur algérien présent au combat va se poster à l'abri d'un arbre qui avoisine le calvaire.

Le guide Rothwiller, notre ancien camarade du 17e bataillon de chasseurs à pied aux glorieuses journées de Montebello, Marignan et Solferino, est resté parmi nous ; il prend part à la lutte, armé du fusil d'un blessé, au milieu du groupe posté à l'abri du mur de la grange Heimbourg ; le saillant de cette construction est battu avec furie par les feux venant du pont.

Dissimulés par les couverts très épais des abords du talus de la digue, les Badois s'étendent à l'est du pont et en avant, abrités par le remblai au coude de la chaussée ; leur feu très nourri est dirigé contre le calvaire et le bord ouest de la route qu'ils battent avec fureur. La violence de ce feu nous force d'appuyer jusqu'à l'angle de la chaumière Zimmermann.

A cet instant, les soldats Midavaine, Souanin, Hamon, Roche, et Jourdan, du 45e d'infanterie, sont grièvement blessés. La situation devient de plus en plus critique ; nos hommes n'ont plus de cartouches, et déjà quelques-uns ont cessé de tirer.

3 *heures*. — La grange, le calvaire, la route et les taillis sont couverts de tués et de blessés ; quatre servants du 5e d'artillerie, le soldat Rissacher, du 45e d'infanterie, tombent blessés, ainsi que le sergent Maissiat du 17e bataillon de chasseurs à pied, atteint d'un coup de feu près de l'aine gauche.

Le sous-lieutenant Homps charge le sergent Caïn d'aller voir si l'on aperçoit soit les compagnies déployées en tirailleurs, soit les compagnies tenues en réserve, et qui auraient dû nous renforcer.

Après avoir exploré la route et les champs, ce sous-officier revient n'ayant aperçu aucune troupe ni aucune disposition prise pour soutenir les combattants. Nous continuons à brûler lentement les dernières cartouches qui nous restent, conservant toujours l'espoir qu'un renfort va surgir.

Le feu des Badois se maintient toujours aussi intense, et leur tir devient de plus en plus convergent.

A travers le sifflement des balles et des volées de mitraille qu viennent tout fracasser autour de nous, de temps à autre nous percevons distinctement des coups de sifflet. Cette fusillade qui nous prend en écharpe nous contraint, pour recharger nos armes, de nous aplatir contre nos murs d'abri ; dès qu'on met en joue pour faire feu, la grêle de projectiles redouble de violence ; notre feu est presque éteint, la moitié des camarades encore indemnes ont cessé de tirer.

Sur 42 combattants, 12 à 15 environ restent debout, la plupart des blessés ne pouvant se retirer à cause de la gravité de leurs blessures. Voulant de nouveau se rendre compte de la situation, le sous-lieutenant Homps prescrit au sergent fourrier Gastine d'aller à son tour vérifier si les renforts sont en vue. On continue de brûler lentement ce qui reste de cartouches ; mais notre feu s'éteint de plus en plus. Après avoir soigneusement fouillé l'horizon, le sergent fourrier Gastine revient de sa mission. Ni sur la route ni dans les champs, aucun indice ne révèle l'approche d'un soutien. On n'aperçoit nul débris de la colonne principale. Cependant les chanvres et les maïs, à l'est de la chaussée, paraissent avoir été foulés jusqu'au delà du chemin du Neuhof. Mais rien ! absolument rien n'est en vue ! Que s'est-il passé ? Alors le sous-lieutenant Homps donne l'ordre de s'atteler aux canons abandonnés des conducteurs ; nos hommes s'en emparent ; déjà ils ont les flèches en mains pour les démarrer, mais il est trop tard. Voyant à quel petit nombre d'adversaires ils ont affaire, les Badois débouchent alors du pont, forts d'un premier échelon d'environ 150 hommes, commandés par le lieutenant de Stipplin. A cet instant, le tirailleur algérien brûle la dernière cartouche du sergent Maissiat, qu'il venait de mettre à l'abri ; mais au même moment, pour déblayer le terrain, le lieutenant de Stipplin fait exécuter un feu de peloton qui atteint nos blessés. Le servant Grau a le crâne brisé ; les soldats Midavaine, Putel et Jourdan, tous déjà hors de combat, sont criblés ; très grièvement frappé, le tirailleur algérien se traîne péniblement jusqu'à environ 300 mètres et tombe pour ne plus se relever.

Immédiatement soutenus par les 5e et 6e compagnies (500 hommes), du 2e bataillon de leur 3e régiment badois (capitaines Ratzel et Seldeneck) et toujours appuyés par la 2e batterie lourde (139 hommes), les Badois font alors irruption en poussant trois frénétiques hurrahs ; plusieurs décharges à obus vont incendier la caserne des douaniers et la ferme Kohler, où se tenait abrité le soutien... Nous sommes à la 5e borne kilométrique de la route de Strasbourg à Bâle ! A partir de ce moment toute résistance et toute retraite avec les canons devenaient impossibles, les trois pièces restaient forcément la proie de l'ennemi, et le « sauve-qui-peut » s'imposait fatalement aux quelues Français restés debout ; leur retraite avait été si peu précipitée que tel des sous-officiers de chasseurs, commandant une des demi-sections restées à faire le coup de feu jusqu'au bout, se trouva débordé par les Badois, et dut passer la nuit et la journée du lendemain dans une des maisons occupées par ces mêmes Badois. Pendant vingt-neuf heures, il put les compter et les voir construire leur tête de pont ; il eût pu se croire prisonnier si son sang-froid, secondé par le dévouement de M. X. et de quelques habitants (1), ne lui avait permis de passer à travers les lignes ennemies, dans la soirée du 17, et de rentrer à Strasbourg pour concourir de nouveau à la défense.

Sur les 42 hommes formant l'effectif total des combattants français 30 environ furent mis hors de combat ; on compta 9 tués, 18 blessés et 3 prisonniers.

Le colonel Fiévet, qui avait lancé cette poignée d'hommes au combat, fut en outre atteint d'une blessure grave, dont il mourut quelques jours après : ce qui porte à 31 le total des pertes de ce combat. La plupart de nos blessés furent atteints de lésions graves, à la suite des quelles ils succombèrent.

Pendant que ces événements se déroulaient aux abords du pont d'Illkirch, la chaîne de tirailleurs du 17$_e$ bataillon de chasseurs à pied, chargée d'explorer les terrains à l'est de la chaussée de Bâle, continua à se porter en avant, refoulant devant elle les avant-postes badois, établis sur la lisière de la forêt du Neuhof, les poursuivant ainsi jusqu'au delà du chemin d'Illkirch au Neuhof, où les Badois s'enfuirent sous bois.

Le prélèvement opéré par le colonel Fiévet sur chacune des chaînes de tirailleurs, pour en former la pointe d'attaque, laissa un vide derrière celles-ci et empêcha ces chaînes de suivre de l'œil le groupe lancé à la course sur le calvaire.

N'apercevant plus rien devant elles, ne recevant plus d'ordres ni de direction par suite de la blessure du colonel Fiévet, elles eurent la conviction que les Badois étaient en retraite. Les chaînes se replièrent alors sur Hohwarth.

De son côté, le commandant de Momigny, se conformant aux ordres qu'il avait reçus d'explorer le Neuhof, se trouva, pendant tout le cours de ses opérations, complètement masqué du gros de la colonne et des forces badoises par le rideau formé des couverts et ombrages du Rhin tortueux, du Neudorf au Neuhof, et, demeurant ainsi isolé à plus de

---

(1) Pour des raisons qu'il serait superflu d'exposer, j'ai le regret de ne pouvoir citer les noms de ces braves Alsaciens.

trois kilomètres à l'est du pont d'Illkirch, ne put rien connaître des événements qui s'y déroulaient.

A Strasbourg, on suivait du haut de la plate-forme de la cathédrale les différentes phases de l'action, ce qui fit décider d'envoyer des renforts au secours de la reconnaissance.

Deux compagnies du 87e régiment d'infanterie furent expédiées à cet effet sous les ordres du commandant Rousseau. Mais la fatalité voulut qu'au lieu de se porter sur la chaussée de Bâle où se passait l'action, le commandant Rousseau se dirigea sur le Neuhof ; il rencontra près du Polygone le commandant de Momigny revenant de fouiller le terrain où il n'avait rien rencontré, et y attendant des ordres ; le commandant Rousseau crut néanmoins devoir poursuivre son chemin jusqu'au Neuhof...

Sur ces entrefaites, l'importante réserve laissée à Hohwarth avait occupé la ferme Kohler, où elle restait sur l'expectative. Elle se composait : 1° de deux compagnies de zouaves et tirailleurs algériens, sous les ordres du capitaine Caillard ; 2° des deux escadrons de cavalerie, qui s'étaient repliés après avoir chargé les avant-postes badois, au début de l'action, sous les ordres du chef d'escadron Gosse de Serlay ; 3° de la chaîne de tirailleurs qui s'était repliée sur Hohwarth, faute d'ordres et de direction, après avoir poursuivi les avant-postes badois jusqu'au delà du chemin d'Illkirch au Neuhof ; 4° enfin de deux détachements des 50e et 56e d'infanterie.

Il appartenait au chef supérieur de cette réserve, en l'absence du commandant de Momigny envoyé plus loin, de se renseigner rapidement au moyen de sa cavalerie et de prendre l'initiative des mesures à ordonner. Mais le commandant de cette réserve parut ignorer jusqu'au bout que les quelques escouades que le colonel Fiévet avait formées en pointe d'attaque sur la chaussée de Bâle, à 250 mètres de là, se trouvaient très fortement engagées au calvaire du pont d'Illkirch, puisqu'il n'envoya ni ordres ni soutien pour appuyer les escouades et pour ramener les trois pièces abandonnées des conducteurs.

Il pouvait, sans se dégarnir, utiliser sa cavalerie à la recherche du détachement envoyé au Neuhof : elle eut certainement rencontré soit le commandant de Momigny, soit le commandant Rousseau, peut-être les deux. Ainsi, dans les événements qui se déroulaient sur la route de Bâle, l'un ou l'autre de ces officiers eût pu assurément changer la tournure des choses.

Ce qui ressort malheureusement de plus clair en toutes ces remarques, c'est que le commandement supérieur fit absolument défaut dès la blessure et la disparition de M. le colonel Fiévet.

CONCLUSION

1° L'objectif réel de la sortie du 16 août ne fut pas la lisière de la forêt du Neuhof, mais le pont d'Illkirch.

2° Ce n'est pas dès les premiers coups de feu partis de la forêt du Neuhof que la reconnaissance se retira, mais seulement à la suite d'une lutte prolongée devant le pont d'Illkirch contre des forces disproportionnées (plus de 20 contre 1), et après épuisement total des munitions, après la perte des deux tiers de l'effectif engagé, après un suprême effort pour ramener les pièces abandonnées de leurs conducteurs.

3° La rentrée à Strasbourg des troupes qui n'avaient pas combattu fut surtout le résultat du manque primitif de direction ainsi que de l'absence de commandement, suite de la blessure du colonel Fiévet.

4° Les 5e, 6e et 8e compagnies (750 hommes) du 2e bataillon du 3e régiment badois et la 2e batterie lourde (139 hommes) en position au pont d'Illkirch n'eurent pas affaire, comme l'indique la relation officielle allemande, à deux bataillons d'infanterie, 400 cavaliers et 4 pièces de canon, mais à 35 hommes environ d'infanterie, auxquels se joignirent quelques canonniers des trois pièces abandonnées de leurs conducteurs.

5° Ce n'est pas à la faveur d'un moment de confusion — qui n'a nullement existé — que les Badois débouchèrent du pont au nombre de 600 environ, appuyés de leur 2e batterie lourde, mais seulement à l'instant où les 12 ou 15 derniers combattants, restés debout et sans cartouches, s'attelaient aux pièces pour les ramener à Strasbourg.

6° Enfin, on se rappelle que les conclusions du conseil d'enquête, présidé par le maréchal Baraguay-d'Hilliers, furent sévères pour la portion de la garnison employée à la défense extérieure de la place et en particulier pour les détachements engagés dans la sortie du 16 août. Le dévouement de cette poignée de soldats avait eu pourtant des témoins : les habitants d'Illkirch et de Grafenstaden n'ont pas voulu que le sacrifice de braves gens tombés sous leurs yeux restât inconnu, et, à l'heure même où le blâme officiel du conseil d'enquête venait étonner le public français, une souscription toute spontanée, et non sans périls pour les Alsaciens séparés de la patrie, rendait hommage aux combattants d'Illkirch et consacrait le souvenir de leur petit nombre et de leur vaillance. Un monument, dû au patriotisme et à la gratitude des communes d'Illkirch et de Grafenstaden, s'élevait au centre des tombes (au nombre de six), très voisines les unes des autres, sous lesquelles reposent les énergiques combattants du 16 août, tués au milieu de vingt autres de leurs camarades atteints de blessures graves.

Si l'on rend un juste hommage au mérite et à la bravoure du colonel Fiévet, on ne peut être moins juste pour la mémoire de ceux qui tombèrent au poste qu'il leur avait assigné.

AUX BRAVES
SOLDATS FRANÇAIS
TUÉS
LORS DE LA BATAILLE
DE VILLERS DE...
LE 16 AOÛT
1870

PIÈCES ET DOCUMENTS

A L'APPUI DU RÉCIT

II. — Extrait de l' « Histoire de la Guerre franco-allemande »
1870-71

par le Grand Etat-Major prussien

(pages 1272 et suivantes de la traduction française du capitaine Costa de Serda).

.   .   .   .

Le 16 août, de très grand matin, le 2ᵉ bataillon du 3ᵉ régiment badois, cantonné à Ostwald, avait dirigé la 8ᵉ compagnie sur *Illkirch*, d'où celle-ci avait jeté une grand'garde vers le Weghäusel, pour garder le pont du canal du Rhône au Rhin.

Vers deux heures de l'après-midi, des cavaliers français tombent sur ce poste avancé ; derrière eux l'ennemi montrait de fortes lignes de tirailleurs, qui, après une courte fusillade, poussent impétueusement vers le pont, tandis que l'artillerie balaie la route d'Illkirch.

Mais sur ces entrefaites, la compagnie, conduite par le capitaine Kappler, était venue d'Illkirch à l'aide de sa grand'garde et avait pris position derrière la digue du canal ; l'assaillant, de son côté, s'était avancé avec son artillerie.

Quand il n'est plus qu'à 250 pas, la compagnie ouvre un feu à volonté très nourri, qui jette le plus grand désordre dans les rangs de l'adversaire.

Le lieutenant de Stipplin, profitant de ce moment de confusion, débouche du pont avec un peloton, et s'empare de trois bouches à feu.

Poursuivis par les 5ᵉ et 6ᵉ compagnies accourues d'Ostwald et canonnés par la 2ᵉ batterie lourde, les Français regagnent alors la place, avec une perte de neuf tués et d'une vingtaine de blessés et de prisonniers.

Cette sortie, complètement manquée, devait aussi coûter la vie à son chef, le colonel Fiévet, du régiment des pontonniers, qui avait été mortellement blessé (1).

III. — Extrait de l' « Histoire du Siège de Strasbourg en 1870, »

par Reinhold WAGNER, capitaine au corps des Ingénieurs, d'après les documents officiels. (Berlin, 1874, Schneider et Cⁱᵉ) (2).

.   .   .   .

Une rencontre sérieuse se produisit dans l'après-midi du 16 août ; l'objet était de faire des fourrages, et dans ce but une colonne assez

(1) D'après les rapports du général Uhrich, les troupes qui prenaient part à cette sortie comprenaient deux bataillons du régiment de marche, 400 cavaliers et quatre canons.

(2) Traduction des pages 166 à 170, *passim.*

forte sortant par la porte d'Austerlitz se dirigea vers Neudorf, pour chercher du bétail. — Un détachement plus faible, destiné à couvrir ce mouvement, sortit de la porte de l'Hôpital, marchant sur Illkirch.

Le colonel Fiévet, commandant le front sud depuis le départ du général Joly-Frigola (11 août), devait diriger l'expédition.

Dans le courant de l'après-midi, les dispositions primitives furent subitement modifiées : probablement l'apparition des Allemands du côté sud et l'occupation d'Illkirch avaient été signalées; on décida alors une plus forte reconnaissance contre Illkirch, et on fit couvrir cette reconnaissance par un détachement moins important du côté du Neuhof. . . . .

On retira alors cinq compagnies du 1er bataillon de marche, de sorte que le commandant de Momigny se vit laisser à la tête d'une seule compagnie qui, unie à trente dragons, devait marcher sur le Neuhof, pendant que les autres cinq compagnies de son bataillon — détachements des 17e bataillon de chasseurs à pied — 45e, 50e et 56e de ligne, — furent dirigées sans chefs supérieurs là où l'on pensait rencontrer l'ennemi.

A la colonne principale destinée à être dirigée sur Illkirch durent se joindre deux compagnies de zouaves et de turcos (capitaine Caillard) ainsi que trois détachements de cavalerie — soixante chasseurs, soixante cuirassiers et cinquante lanciers, — sous le commandant de Serlay, plus quatre pièces de canon de quatre, et vingt-quatre artilleurs de 5e régiment, sous le capitaine Touche.

Le colonel Fiévet prit lui-même le commandement de la colonne.

Le général Barral, qui devait remplacer le général Joly-Frigola comme commandant de l'artillerie de siège et qui avait pu, le 13 au soir, se jeter dans la place, à la faveur d'un travestissement, se joignit à la colonne, quoique se trouvant encore en civil et à pied.

Le général Uhrich, à la porte de l'Hôpital, avait voulu présider à la sortie des troupes. Lorsque l'infanterie du régiment de marche avait défilé devant lui, il la rendit solennellement responsable des pièces qu'il lui confiait ; ces paroles avaient provoqué de bruyantes acclamations, mais avaient amené du même coup le plus ancien officier, capitaine Malinjoud, à proposer au colonel Fiévet de prendre la précaution d'affecter spécialement les chasseurs à la garde des pièces.

Ce n'est qu'après le départ de la colonne qu'on remarqua que les zouaves et les turcos étaient restés à leur place; leur chef avait reçu du colonel Fiévet l'avis d'attendre des nouvelles instructions. Sur l'ordre du commandant de place, le colonel Ducasse, ils se joignirent à la colonne...

Après deux heures, on entendit une fusillade, et, une demi-heure après, une canonnade ; cette nouvelle décida le gouverneur à ordonner l'envoi des renforts. Deux compagnies du 87e (commandant Rousseau) furent commandées. Mais, comme l'ordre prescrivait de renforcer la colonne qui était partie dans la direction du Neuhof,

sous le commandant de Momigny, le détachement y marcha au lieu
d'aller à Illkirch. . . . .
. . . .

Après avoir traversé le Rhin tortueux, le colonel Fiévet avait
expédié les chasseurs à cheval comme flanqueurs et déployé ensuite
la compagnie du 17ᵉ bataillon de chasseurs à pied en tirailleurs
parce qu'on se heurtait sur la hauteur du Weghäusel ou Hohwart,
de même que sur les bords du bois, contre les avant-postes allemands, qui, ouvrant le feu de leur côté, se retiraient sur les soutiens,
au pont du canal du Rhône au Rhin. Pendant que la compagnie
du 17ᵉ bataillon de chasseurs s'avançait à l'est, en passant devant
le Weghäusel, la colonne continuait sa marche sur la chaussée.

La 8ᵉ compagnie du 3ᵉ régiment badois, accourue en toute hâte
d'Illkirch, s'était pendant ce temps fortement établie dans les fermes,
en avant du pont, ainsi que des deux côtés du pont, à l'abri du
chemin de hâlage.

Son feu arrêta la marche de l'ennemi et décida les chasseurs du
17ᵉ et la pointe de colonne qui était sur la chaussée (détachement
du 45ᵉ) à chercher un abri sur le bord sud du Weghäusel ; il s'ensuivit un assez long combat de tirailleurs . . . .
. . . .

Le colonel Fiévet fit bientôt porter trois canons des deux côtés de
la chaussée et ouvrir le feu contre le pont ; la quatrième pièce resta
en arrière parce que le timon était brisé.

Sur la chaussée se tenaient en colonne les lanciers et derrière eux
les cuirassiers ; — plus en arrière, des deux côtés, les détachements
des 50ᵉ et 56ᵉ de ligne, et enfin, beaucoup plus éloignés sur la
chaussée, les zouaves et les turcos.

Après cinq décharges d'obus, le colonel Fiévet fit approcher les
canons à portée de mitraille, et là-dessus la ligne de tirailleurs
recommença à avancer.
. . . .

Le colonel Fiévet commanda à la cavalerie d'avancer, les lanciers
sur la chaussée, les cuirassiers à côté, débordant à gauche. Les premiers avaient à peine dépassé de dix pas le front des pièces que, reçus
par un tir rapide, ils firent demi-tour... Ils entraînèrent avec eux le
reste de la cavalerie et les avant-trains des pièces . . . .
. . . .

Le colonel Fiévet avait été gravement blessé...
. . . .

Du côté des Allemands, après le tir rapide, une partie de la
8ᵉ compagnie s'était avancée pour une contre-attaque, et en même
temps étaient entrées en ligne les 5ᵉ et 6ᵉ compagnies du 3ᵉ régiment badois et la 2ᵉ batterie lourde venant d'Ostwald. Une partie de
cette dernière s'avançait à l'est de la chaussée de Bâle et couvrait le
Weghäusel d'obus, pendant que les 5ᵉ et 6ᵉ compagnies s'avançaient
pour une courte poursuite.

Trois canons, avec quantité d'armes et d'objets d'équipement jetés sur la route, restèrent aux mains du vainqueur.

On dit aussi que la quatrième pièce, à cause de son timon brisé, resta quelque temps abandonnée . . . .
. . . . Les pertes du côté des Français furent de neuf tués, huit blessés, restés sur place, trois prisonniers non blessés ; le colonel Fiévet et neuf blessés revinrent à la forteresse.

La perte totale des Français monta ainsi à trente hommes, parmi lesquels un seul cavalier légèrement blessé.

Le détachement du 45ᵉ sur trente-huit hommes en perdait quatorze ; les servants des deux pièces qui, à petite distance, avaient encore tiré sept coups de mitraille, comptaient quatre morts et quatre blessés.
. . . .

. . . .
La plus sensible de ces pertes fut celle du colonel Fiévet qui devait, le 1ᵉʳ septembre, succomber aux suites de ses blessures.

IV. — Extrait de l'historique du 45ᵉ régiment d'infanterie.

CHAPITRE VII
GUERRE DE 1870-71
Le 45ᵉ Régiment d'Infanterie de ligne, Armée du Rhin, Strasbourg
(6 août au 28 septembre)

Un détachement de 100 hommes, sous les ordres du sous-lieutenant Homps, part du dépôt à Belfort, le 6 août, pour renforcer le régiment. Arrivé le 6 août à Strasbourg, il y est retenu par le gouverneur et reste attaché à la défense de la place. Le 16, cette fraction du 45ᵉ, sous les ordres du sous-lieutenant Homps, est chargée de faire la reconnaissance du village d'Illkirch.

Elle sort de la place, est aperçue par l'ennemi et, malgré un feu très vif, elle pénètre dans le village où elle perd 14 hommes tués ou blessés.

Sur la proposition de M. Homps, le sergent-major Couesnon est nommé sous-lieutenant et tombe quelques jours après, frappé par un obus.

Jusqu'à la capitulation, le détachement concourt au service de pourvoyeur de munitions, à celui des avant-postes, à la protection des travailleurs et assiste à deux sorties.

VI. — Lettre de M. le capitaine Pavot, du 17ᵉ bataillon de chasseurs à pied.

Rennes, le 20 septembre 1871.

Mon cher Caïn,

J'ai appris avec grande satisfaction votre rentrée de captivité et votre arrivée à Landrecies.

Je vous aurais écrit déjà si je m'étais retrouvé plus tôt en état de

tenir la plume ; mais la convalescence a été lente, pour les yeux
d'abord, puis pour les mains qui avaient été plus profondément
brûlées. Quant à la jambe droite, la hanche et le genou se ressen-
tent encore du choc, mais c'est peu de chose désormais, et vos excel-
lentes leçons achèveront de tout rétablir.

Je ne saurais assez vous dire le désir que j'ai de rejoindre notre
cher 17ᵐᵉ. Tout ce qui en vient m'intéresse au plus haut point ;
mais rien n'a été plus attentivement écouté à la maison que le
récit, fait par vos camarades, des circonstances dans lesquelles,
cerné par les Badois, le 16 août, vous avez réussi à vous jeter dans
une ferme, puis à vous soustraire aux perquisitions faites à coups
de crosse et de baïonnette. Comme vos camarades ont été heureux
de vous revoir, trois jours après, dans Strasbourg, alors que l'on
vous croyait tué ou pris ! J'ai reconnu, dans ces circonstances criti-
ques, toute votre énergie, tout votre sang-froid. Bien d'autres,
pleins d'entrain au feu, n'auraient pas eu la décision, la présence
d'esprit qui vous ont sauvé. Cela n'a pas dû être commode de trou-
ver un réduit dans une habitation où l'ennemi pénétrait lui-même
sur vos talons, puis de demeurer, immobile et affamé pendant plus
de vingt-quatre heures, au milieu de cette nuée de Badois, encore
exaspérés de la résistance prolongée d'une poignée d'hommes.

On me dit que vous avez pu, le troisième jour, vous échapper
sous un déguisement ; le changement de costume n'a pas dû être
facile non plus !... Un détail me manque encore : comment
avez-vous pu sauver vos effets et vos armes ? Si j'ai bien compris,
les gens qui ont facilité votre retour auront caché le tout dans la
charrette à la suite de laquelle vous êtes sorti de la ferme. Mais
alors, ces braves Alsaciens jouaient eux-mêmes gros jeu ; ce sont
bien des Français, et des meilleurs !

Je sais qu'il est toujours malaisé de parler de soi ; il faut cependant recorder et noter tous vos souvenirs. Je vous y engageais déjà,
en vous écrivant de Magdebourg à Graudenz, pendant notre trop
longue captivité ; permettez-moi de revenir aujourd'hui, — et avec
moins d'entraves, cette fois, — sur le même sujet. Les survivants
se doivent d'abord au souvenir de ceux qui ont succombé, c'est
évident ; mais il faut aussi qu'ils notent tout ce qui s'est gravé de
marquant dans leurs impressions personnelles, afin qu'au besoin,
d'un fait utilement remémoré, puisse jaillir une nouvelle et heu-
reuse inspiration. Donc, adressez-moi le récit complet de votre
journée d'Illkirch et de celles qui ont suivi ; — que je n'apprenne
pas seulement par d'autres ce qui vous est advenu. Il ne me
suffit pas de savoir que vous avez été proposé pour la médaille
militaire ; je voudrais pouvoir hâter le résultat de cette juste pro
position.

Lorsqu'on s'est compté, le soir de Frœschwiller autour du glo-
rieux fanion de Crimée et d'Italie — plus abîmé encore — je vous
cherchais ; j'ai eu à la fois la satisfaction et le regret d'apprendre
par votre capitaine l'ordre qu'il vous avait donné sur ce champ de

bataille du 6 août, ordre qui vous avait lancé sur la route de Strasbourg, tandis que les débris du bataillon se ralliaient près de la gare de Niederbronn. Grâce à votre dévouement, mon cher Caïn, on pouvait espérer que les bagages et la caisse du bataillon seraient sauvés, et l'événement a démontré que l'on avait eu raison de vous donner le commandement du convoi au moment où les choses tournaient mal... Mais, pour vous-même, je sentais que, ne vous trouvant plus directement sous les yeux de nos chefs supérieurs, vous pâtiriez peut-être de cet éloignement si peu voulu par vous.

Vous qui, au lieu d'aller instruire les recrues au dépôt, aviez, le 19 juillet, réclamé avec tant d'insistance pour marcher avec votre compagnie, c'était comme une rigueur du sort que cet ordre de mener le convoi à Mertzwiller, puis à Haguenau, tandis que ce qui constituait, ce soir-là, le 17e bataillon, — autour du digne commandant Merchier, votre appréciateur et votre ami, — recevait une direction tout opposée... Et le décret impérial du 20 août, qui aurait dû vous compter au nombre des heureux, avec Carlavan, Lechenet et les autres, n'était, pas plus que ceux qui suivirent, destiné à enregistrer votre nom, puisque bien que proposé par le général Uhrich, vous avez été captif depuis le 28 septembre jusqu'au 13 juillet dernier ! Il va donc vous falloir patienter un peu, car le 17e bataillon de marche, avec la campagne du Nord, avec l'armée de Versailles, a, lui aussi, des candidats en ligne, et de nombreux blessés à récompenser.

Réorganisez votre salle avec la conscience et le talent professionnel qui vous ont toujours distingué, et soyez assuré que si je puis reprendre voix au Conseil, tous mes efforts vous sont acquis. Je n'aurai garde d'oublier les titres de Maissiat et de Muraine, vos deux camarades dont vous plaidez si chaleureusement la cause : ce sont de braves cœurs et d'excellents sous-officiers, eux aussi ; mais vous êtes de leurs devanciers, vous êtes des anciens de Montebello et de Solferino. D'ailleurs, M. le commandant Barré vous connaît déjà par les notes de son prédécesseur, et a pour vous, c'est visible, autant de sympathie que d'estime.

Courage donc, mon cher Caïn, et croyez toujours à la sollicitude de votre ancien chef, à toute l'affection de votre élève et ami.

Le capitaine,

A. PAVOT.

VII. — Lettre du Secrétaire du Comité formé pour l'érection d'un monument à la mémoire des Français tombés au combat d'Illkirch.

Grafenstaden, le 12 décembre 1872.

CHER MONSIEUR CAÏN,

Les habitants d'Illkirch-Grafenstaden, voulant perpétuer le souvenir du combat du pont d'Illkirch, sur le canal du Rhône au Rhin, ont décidé d'élever un monument à la mémoire des braves soldats français tombés ce jour près du pont, 16 août 1870.

Je vous serais reconnaissant de vouloir bien me donner les noms et les numéros des régiments auxquels appartenaient les malheureux soldats qui, à votre connaissance, sont tombés à ce combat, pour faire graver leurs noms sur ce monument.

Nous avons fait photographier le monument, et j'ai le plaisir de vous informer que je vous en adresserai trois exemplaires, dont un pour le sous-lieutenant Homps, le second pour le sergent Maissiat et le troisième pour vous.

En conséquence vous voudrez bien vous rendre à la brasserie Alsacienne, près de la gare de Strasbourg, où notre monteur, M. Michel Karcher, vous les remettra.

Veuillez les accepter comme souvenir de ce malheureux combat, de la part des habitants d'Illkirch-Grafenstaden.

Salutations bien cordiales de votre dévoué,

J. Schmitthaeusler,
Secrétaire du Comité pour secours aux prisonniers de guerre.

VIII.— 1re lettre de M. le lieutenant Homps à M. Schmitthaeusler

Paris, 17 décembre 1872.

Monsieur,

Le sergent Caïn, du 103e régiment d'infanterie, me communique votre lettre, du 12 de ce mois, par laquelle vous exprimez le désir de connaître les noms des militaires tués dans la sortie du 16 août 1870.

J'ai conservé les noms des hommes qui ont disparu le jour de cette sortie, et je suis heureux de pouvoir vous les faire parvenir. Je regrette seulement qu'il ne me soit pas possible, actuellement, de vous faire également connaître le domicile de leur famille ; mais si vous y tenez absolument, veuillez m'en informer et je ferai les démarches nécessaires pour les retrouver.

Voici les noms de ces malheureux :

Putel	Valentin	disparu
Midavaine	Adolphe-François	—
Martin	Charles-Jules	—
Lebon	Armand	—
Suarnet	Jacques	—
Cohérier	Jean	—
Hamon	Jean-François	—
Garnaud	Pierre	—
Souanin	Jean	—
Jourdan	François	—
Roche		—
Devaux	Jean	—
Lucas		—

Tous ces hommes étaient présents à l'entrée du village, et ont été frappés soit au pied de la croix soit sur la route, à côté de la première maison de droite en entrant au village.

J'ai vu tomber également près de moi trois ou quatre artilleurs dont je ne puis donner ni le nom ni le n° du régiment auquel ils appartenaient.

Le colonel Fiévet. des pontonniers, a été frappé également à l'entrée du village, et il est mort quelques jours après.

Voilà, Monsieur, les renseignements que je puis vous donner sur ces hommes; ils faisaient partie du 45ᵉ régiment d'infanterie et composaient un détachement que je conduisais à l'armée du Rhin et qui a été arrêté à Strasbourg le 6 août.

Si vous aviez encore besoin d'autres renseignements, veuillez m'écrire à l'adresse ci-dessous.

Veuillez agréer, Monsieur, mes sincères salutations.

HOMPS.

Homps, porte-drapeau
au 45e régiment d'infanterie,
Paris.

IX. — 2ᵐᵉ lettre de M. Homps à M. Schmitthaeusler.

Paris, le 24 janvier 1873.

MONSIEUR,

J'ai reçu la photographie que vous avez bien voulu me faire remettre, du monument que vous avez fait élever à la mémoire des malheureux tombés le 16 août 1870. C'est pour moi un précieux souvenir que je conserverai toujours et je vous en remercie.

Le colonel du régiment me charge de vous dire qu'il serait très heureux s'il pouvait en avoir un exemplaire. Veuillez me faire connaître s'il y a possibilité, ainsi que le montant des frais, achat et transport.

Je viens de me procurer les renseignements que vous désirez connaître sur le domicile de ces hommes, et je m'empresse de vous les communiquer.

NOMS	COMMUNE	DÉPARTEMENT
Midavaine Adolphe-François.	Thun	Nord
Martin Charles-Jules. . . .	75, rue Charenton, Paris,	Seine
Putel Valentin	Cléry-Fontenex	Savoie
Lebon Jean-Pierre-Paul . .	Saint-Martin-des-Olmes	Puy-de-Dôme
Suarnet Jacques	Paris	Seine
Cohérier Louis.	Aubière	Puy-de-Dôme
Hamon Jean-François. . .	Saint-Sulpice-des-Landes	Ille-et-Vilaine
Garnaud Pierre	Aigueperse	Puy-de-Dôme
Souanin Jean.	Saint-Sylvestre	id.
Jourdan François	Bas-et-Lezat	id.
Roche Rémy-Benoist.. . .	Paris, 1, rue Jardinet	Seine
Lucas Gilbert.	Lacelle	Allier
Devaux Rose-Alexandre . .	Méry	Oise

Veuillez recevoir, Monsieur, mes sincères salutations.

HOMPS,
Officier de casernement au 45e, à Paris (Seine).

X. —. Extrait du relevé des services du sergent Maissiat (Louis-Joseph), du 17ᵉ bataillon de chasseurs à pied.

N° matricule 354. Né à Echallon (Ain), le 26 mars 1839.
Arrivé au corps le 9 juillet 1860.
Caporal de 2ᵉ classe le 11 juillet 1862.
   id.   de 1ʳᵉ classe le 15 juillet 1864.
Sergent de 2ᵉ classe le 14 août 1865.
   id.   id.   Instructeur de tir, le 11 août 1869.
   id.   de 1ʳᵉ classe   id.   le 28 août 1869.

Campagne   { du 21 juillet 1870.
contre l'Allemagne { au 30 janvier 1871.

Blessures. — Le 16 août 1870, au combat d'Illkirch, a eu la partie supérieure de la cuisse gauche traversée par un coup de feu (blessure grave).

Fait prisonnier de guerre le même jour ; évadé le 30 janvier 1871.

Décoré de la médaille militaire par décret du 21 avril 1874.

Admis à la pension de retraite proportionnelle (266 fr.) par décret du 30 avril 1875.

A reçu un certificat de bonne conduite.

S'est retiré à Echallon, canton d'Oyonnax (Ain).

Certifié par le Trésorier, signé : Ravignon, à Alençon, le 29 juillet 1873.

Suivent les signatures du major et du président du Conseil d'administration et le visa de la sous-intendance.

XI. — Extrait des services du soldat Jourdan du 45ᵉ régiment de ligne.

N° 4668.

Etat signalétique et de service du n° matricule 4668, Jourdan François, soldat de 2ᵉ classe, né le 31 décembre 1843, à Bas-et-Lezat (Puy-de-Dôme).

CAMPAGNES.

1870 { Campagne   }   du 6 août
     {   contre   }   au
1871 { l'Allemagne }   18 avril.

Prisonnier de guerre le 16 août 1870.
Rentré en France le 18 avril 1871.

BLESSURES.

Blessé de coups de feu à l'épaule, à la jambe gauche, et au pouce droit, le 16 août 1870 dans une sortie contre l'ennemi (siège de Strasbourg). Perte du pouce droit.

LIBÉRATION

Etait libérable le 31 décembre 1870.

Admis à la pension de retraite par décret en date du 9 janvier. Notification faite au corps le 18 dudit, a reçu un certificat de bonne conduite ; s'est retiré à Bas-et-Lezat (Puy-de-Dôme).

Laon, le 8 février 1877,

Vérifié, le Major.   Certifié par le Trésorier.

Vu par le Président du Conseil d'administration.

(Suivent les signatures.)

Vu par nous, Sous-Intendant militaire,

H. DE FRANCE.

XII. — Lettre dé M. le capitaine Homps à M. Caïn.

MON CHER CAMARADE,

Je viens de lire dans le « Drapeau » le récit que vous avez fait de la sortie du 16 août 1870.

Après la publication de tant de versions dans lesquelles la vérité fait absolument défaut, vous avez pensé qu'il était nécessaire de rétablir la réalité des faits, et vous l'avez fait simplement et avec une exactitude à laquelle je m'empresse de rendre hommage.

Je vous suis particulièrement reconnaissant d'avoir songé à votre ancien sous-lieutenant, à l'occasion de cette publication, et je vous prie d'agréer, avec mes remerciements bien sincères, l'assurance de mes sentiments affectueux.

HOMPS.

Laon, 29 décembre 1886.

XIII. — Lettre de M. A. Uhrich, ancien capitaine d'état-major, à M. Caïn.

Madère, 6 janvier 1887.

MONSIEUR,

J'ai reçu le « Drapeau » du 25 décembre et votre aimable lettre d'envoi ; je vous remercie de votre bonne pensée.

Si, dans cette malheureuse sortie du 16 août, tout le monde avait fait son devoir comme vous, les Prussiens n'auraient pas emmené à Carlsruhe nos trois pièces de 8 qui furent promenées en triomphe sur la place du Château le 22 août !

Agréez, Monsieur, l'expression de mes sentiments bien distingués.

A. UHRICH.

XIV. — Deuxième lettre de M. Schmitthaeusler à M. Caïn.

Grafenstaden, le 22 janvier 1887.

MON CHER MONSIEUR,

Votre lettre du 30 décembre dernier m'a fait un sensible plaisir. Un deuil de famille et les affaires qui en étaient la suite m'ont fait perdre de vue votre petite missive.

Je m'empresse d'y répondre aujourd'hui en vous donnant ci-après les noms des malheureux soldats français tombés le 16 août 1870, près du pont d'Illkirch (1).

Quant à l'envoi que vous désirez me faire, je vous prie de m'en expédier un ou deux numéros à mon adresse.

Veuillez recevoir, mon cher Monsieur, l'assurance de mes meilleurs sentiments.

J. Schmitthaeusler,
Chef de bureau à l'Usine de Grafenstaden.

XV. — Lettre du sergent Maissiat à son ancien camarade Caïn.

Oyonnax, le 24 janvier 1887.

Mon cher Caïn,

Je suis en possession de ta lettre du 18 courant. Depuis 16 ans, il est assez difficile de se rappeler tous les détails ; je tâcherai néanmoins de faire mon possible pour te donner les renseignements que tu me demandes.

Dans ton récit sur la sortie de Strasbourg, il est dit que les Badois, de leur propre aveu, amenèrent trois compagnies et une batterie lourde devant le pont d'Illkirch. Le 17, j'engageai une conversation à l'ambulance avec un officier supérieur des troupes badoises, en présence du général de Werder, au sujet des deux adversaires : l'officier me soutenait que *le nombre des Français dépassait 2.000*. Lui ayant répondu que les troupes badoises n'avaient eu à *lutter que contre 30 à 35 hommes au plus et qu'ils étaient* 700, il me répondit : « Vous avez mal dit », et me demanda : « Qu'étaient donc devenues les troupes sorties en grand nombre de la place ? » Je crus devoir ne pas répondre, craignant d'être interrogé pour savoir par divers calculs les forces de la ville. Les officiers ayant ensuite amené la conversation sur la revanche que nous prendrions sous peu, je leur répondis qu'ils pouvaient s'y attendre et que nous n'aurions jamais la patience d'attendre un siècle. Le lendemain, une personne me prévint de ne plus engager de conversation avec les Allemands et de ne pas sortir de l'ambulance, de crainte d'être fusillé ; pour sortir, il eût fallu qu'on me portât, ils ne purent donc mettre leur projet à exécution. J'oubliais de te dire qu'ils m'avaient débarrassé de mon porte-monnaie contenant 100 fr. 65 ; il me fut pris en pansant ma blessure.

Je me rappelle aussi les paroles encourageantes du général Uhrich ; quant à la formation et au nombre sorti de Strasbourg, je ne pourrais préciser ; quant aux pièces de canon laissées sur le champ de bataille, les Allemands me transportèrent près d'une pièce française sans avant-train. C'est derrière la croix de pierre que je fus blessé ; les balles de l'ennemi venaient s'aplatir contre la croix après avoir balayé la route. La croix aurait pu nous servir d'abri, si nous n'avions

____

(1) Ce tableau est le même que celui donné par la lettre de M. Homps, page 31.

été obligés de sortir pour faire feu. J'avais un chasseur du bataillon
derrière moi lorsque je fus blessé ; je ne me rappelle pas son nom.
Il se trouvait aussi près de là un turco qui me traîna sous un hangar
à gauche et en avant de la croix ; les balles ennemies démontèrent
complètement la toiture ; il me dit *n'avoir plus de cartouches; il m'en
restait une*, avec laquelle il chargea son fusil ; me sentant très mal,
je lui offris mon porte-monnaie qu'il refusa. A ce moment les Badois
débouchèrent sur la route par pelotons ; il leur déchargea son arme
et partit. Le peloton s'avança sur moi, me tenant en joue, lorsque
quatre hommes se détachèrent du peloton pour venir me chercher.
A quelques pas se trouvait *un soldat blessé, nommé Midavaine, qui
reçut encore la décharge d'un autre peloton ; il expirait dans la nuit à
l'ambulance à côté de moi, le ventre criblé de balles.* Il y avait aussi
*un soldat artilleur, un servant sans doute, qui reçut plusieurs balles
dans la tête ;* c'est un nommé *Grau, Alsacien.* Ses parents, étant
venus le voir à l'ambulance, l'ont emmené chez eux. Il doit être
mort.

Les Badois ayant chargé les blessés sur des voitures, les transportèrent à l'ambulance ou plutôt dans la salle d'école de l'instituteur.
Là, on nous mit sur la paille. La salle n'étant pas très vaste, nous
étions les uns sur les autres ; c'est là qu'expirèrent une partie des
blessés. Le matin, nous restions quatre ; on nous transporta dans l'école
des Sœurs où on nous donna des lits. Voici les noms des trois blessés
qui ont survécu : *Grau*, servant, emmené dans sa famille, *Martin, Jourdan* ; ces deux derniers étaient de la ligne et devaient être de la
réserve qui a fait 3 et 2 mois en 67. Tous les morts décédés à côté
de moi à l'ambulance ont été enterrés au cimetière du village ; ma
position de malade ne m'a pas permis de les compter. M. le curé les a
conduits le lendemain à leur dernière demeure en faisant deux voyages
et en conduisant plusieurs cercueils à la fois. Depuis, j'ai cherché le
moyen de m'évader, c'est-à-dire quand j'ai pu me servir d'un bâton
pour marcher, et ne me suis pas inquiété des morts. Il y avait aussi à
l'ambulance avec moi deux Badois blessés ; au bout de quelques jours
on les a conduits dans l'ambulance badoise où j'étais ; c'était leur ambulance civile, ce qui me fait penser que les blessés peuvent avoir
été conduits dans plusieurs ambulances et qu'ils étaient peut-être
plus nombreux qu'on ne le croit.

Tes conclusions me paraissent très justes ; mais *le brave colonel Fiévet aurait pu avoir un planton à cheval pour transmettre ses ordres ;
et il est probable que si le moindre renfort nous était arrivé, les Badois
auraient reculé ; il y en avait déjà pas mal dans les caves d'Illkirch qui
sont sortis après la bataille pour pousser des cris.*

C'est avec grand plaisir que j'ai reçu ta lettre et que je t'ai su bien
casé ; j'aurais été assez curieux d'apprendre ce que disent les po-
pulations de l'Alsace que tu as visitées ; j'avais déjà vu ton nom figu-
rer dans les journaux à propos d'escrime, mais j'avais absolument
perdu la trace de tous les autres camarades, excepté de Favier que
je vois tous les jours à Oyonnax. Enfin, je n'ai pu t'écrire plus tôt,

étant très occupé dans ce moment. J'oubliais de te dire que je suis resté malade, ayant des douleurs, suite de ma blessure. Je ne t'ai sans doute pas très bien renseigné ; mais, n'ayant en ma possession aucun document concernant la critique de la défense, je n'ai pas la mémoire assez fraîche, c'est-à-dire que ces documents m'auraient remis sur la voie ; tu m'accuseras réception de ma lettre, et si tu as besoin de renseignements, je suis prêt à te les donner ; mais tu me préciseras les points à répondre afin que je ne m'étende pas si loin pour ne pas dire grand'chose.

Je te serre la main cordialement en te félicitant de ton dévouement.

Maissiat.

Maissiat-Guillot, *Oyonnax* (Ain).

XVI. — Troisième lettre de M. Schmitthaeusler à M. Caïn.

Strasbourg, le 17 février 1887.

Mon cher Monsieur,

Votre envoi du 24 janvier dernier m'est bien parvenu, et si j'ai tardé jusqu'à ce jour pour vous en accuser réception et vous donner les renseignements que vous y demandez, c'est d'un côté les occupations des bureaux et de l'autre des préoccupations de famille qui en portent la responsabilité.

J'ai le plaisir de vous adresser ci-incluses deux lettres de M. Homps, du 17 décembre et 24 janvier 1873; c'est tout ce que je possède en fait de renseignements sur le sujet qui vous préoccupe.

Quant aux renseignements que vous me demandez pour l'option de M. C^x, je vous dirai que personne n'en a connaissance ici ; aucun journal n'a relaté le fait, et je crois que c'est une malveillance de concurrents acharnés de prendre la succession de M. C^x.

Je vous serre la main avec loyauté et fraternité.

J. Schmitthaeusler.

XVII. — Lettre de M. le baron Pron, ancien préfet du Bas-Rhin.

Paris, 23 février 1887.
5, rue Boissy-d'Anglas.

Monsieur Caïn,

Vos notes sur l'affaire d'Illkirch m'ont vivement intéressé.

Du reste, j'avais assisté à l'échauffourée du haut de la plate-forme de la cathédrale.

Recevez, Monsieur, avec mes remerciements, l'assurance de ma considération très distinguée.

Baron Pron.

XVIII. — Deuxième lettre de M. le capitaine Homps à M. Caïn.

Mon cher camarade,

Voici, sur le point que vous m'indiquez, ce que mes souvenirs me permettent d'affirmer.

La pièce que le colonel Fiévet a fait avancer jusqu'à l'entrée du village, à quelques pas du calvaire, a pu tirer une décharge à mitraille (boîte à balles), mais pas deux, car les servants ont tous, sauf un, été atteints par les coups venant du canal avant d'avoir pu tirer la deuxième.

Chemin faisant, nous avons rencontré deux autres pièces abandonnées sur la route et, au point que vous m'indiquez, la réserve sur quatre rangs, l'arme au pied, commandée par le capitaine Caillard.

Je n'ai pas remarqué que des dispositions aient été prises pour défendre une ferme quelconque ; et si des points de défense ont été choisis, certainement ils n'ont pas été occupés puisque la troupe était sur la route, sur quatre rangs, l'arme au pied.

Enfin cette réserve n'a pas eu à opposer une résistance opiniâtre et énergique puisqu'elle n'a pas été attaquée.

Je crois me rappeler qu'un retour offensif a été fait en vue de reprendre les pièces abandonnées ; mais j'ignore s'il a réussi (1).

Je serais heureux si vous arriviez à détruire cette légende qui tend à faire croire qu'une compagnie de Prussiens a résisté et repoussé 600 assaillants avec du canon. Rien n'est plus faux, car des 600, *trente* seulement se sont présentés aux coups de cette compagnie, admirablement retranchée.

J'ai le regret de ne pouvoir ajouter d'autres noms à celui du sergent Gastine.

Recevez la nouvelle assurance de mes sentiments affectueux.

HOMPS.

Laon, 27 février 1887.

XIX. — Troisième lettre de M. Homps à M. Caïn.

Je vous remercie, mon cher Monsieur Caïn, pour la nouvelle marque d'estime que vous voulez bien me donner à l'occasion de ma nomination dans la Légion d'honneur. Votre lettre me fait espérer que j'aurai prochainement le plaisir de vous voir : j'en suis ravi, car nous pourrons causer à notre aise de cette sortie du 16 qui vous intéresse tant, et élucider les quelques points sur lesquels la lumière ne vous paraît pas suffisamment faite et pour que vous puissiez donner à M. Dick de Lonlay (2) des renseignements absolument exacts.

Agréez, mon cher Monsieur Caïn, l'assurance de mes sentiments les plus affectueux.

HOMPS.

Laon, 3 septembre 1887.

(1) Ce retour offensif n'a pas eu lieu ; l'auteur de la lettre fait sans doute une confusion avec les renforts dirigés sur le Neuhof.

(2) Dick de Lonlay est décédé sans avoir eu le temps de faire paraître l'étude qu'il projetait de consacrer au siège de Strasbourg.

XX. — Lettre de M. Muraine, ancien sergent-major du 17ᵉ bataillon de chasseurs à pied.

Toulouse, 20 janvier 1888.

Mon cher Caïn,

. . . .

. . . .

Ton article dans le « Drapeau », « Siège de Strasbourg » est très bien fait et je ne trouve rien à rectifier, car c'est tout ce qui s'est passé à cette malheureuse sortie.

Ton vieil ami,

Muraine,
Adjudant au 126ᵉ d'infanterie.

XXI. — Deuxième lettre de M. Uhrich, ancien capitaine d'état-major.

Paris, 26 mars 1894.

Mon cher Monsieur Caïn,

Vous êtes vraiment bien aimable de m'offrir ce souvenir du siège de Strasbourg et d'un épisode dans lequel vous avez joué un rôle aussi crâne.

Je suis très aux regrets de ne pas vous avoir exprimé samedi, de vive voix, tous mes remerciements. Vos photographies vont prendre place précieusement au milieu des documents que je possède déjà sur cette période, si glorieuse et si navrante, de la guerre nationale.

Merci donc encore de votre bonne visite et des bons souvenirs qu'elle me laisse, à tous les points de vue.

Agréez, cher Monsieur, l'expression de mes sentiments distingués.

Uhrich.

XXII. — Lettre de M. Jourdan, François, ancien soldat du 45ᵉ régiment d'infanterie de ligne.

Aux Pioliers, par Randan (*Puy-de-Dôme*),
le 6 juin 1902.

Mon cher et bon camarade,

Pardonnez-moi de n'avoir pas répondu courrier par courrier comme le méritait votre lettre ; malheureusement pour moi, mes facultés et mon éducation ne me permettent pas de disposer de la plume à ma volonté ; donc, je suis obligé de me servir d'interprète auprès de mes amis, ce qui a mis du retard à notre correspondance. Je suppose néanmoins que nous conservons la même fraternité d'armes que nous avions sous les murs de Strasbourg.

Vous me demandez des renseignements sur cette fatale journée du 16 août 1870. Donc, voici :

1° L'effectif total du détachement du 45e d'infanterie au combat du Calvaire était environ de 30 hommes.

Les camarades les plus connus de mon pays sont :

Souanin, de Saint-Sylvestre, tombé coude à coude, à côté de moi, à ma gauche ; le livret lui a été pris avant son inhumation, par les habitants d'Ostwald, et on me l'a donné pour le remettre à sa famille, ce que j'ai fait à mon retour ;

Garnaud, d'Aigueperse, tombé au même instant, à environ 5 mètres de moi, sous la même fusillade.

Cela se passait dans cette journée du 16 août où moi-même une balle m'avait emporté le pouce droit, et vous me disiez : « Retire-toi, tu es déjà blessé » ; et ne sentant pas trop de douleur, je pensais voir la fin de la victoire, ou la mort qui nous a épargnés tous deux ; cherchant à me défiler dans un fossé, une balle est venue de nouveau, qui a coupé mon sabre, et qui m'a traversé le bas du ventre sans y rester — et vous devez vous rappeler, nous étions alors près de la croix du calvaire.

Ce que je sais du sergent Maissiat, c'est ceci. Blessé le même jour à l'aine gauche ; transporté à l'ambulance avec moi, et quand nous avons été emmenés en captivité, — prisonniers de guerre à Rastadt (duché de Bade), pour six mois environ, — Maissiat a dû rester à l'ambulance d'Ostwald.

Pendant la retraite, une autre balle m'a traversé l'épaule gauche sans y rester ; les secours de mes chefs ont été remplacés par ceux des Allemands, qui m'ont amputé le doigt, trois jours après.

Merci, mon cher ami, de votre dévouement, et à bientôt (1).

Jourdan François.

P. S. Vous me demandez si on m'a décerné la médaille militaire ; je n'ai rien vu de cela. Je vous envoie mon relevé de services.

---

(1) *Note de l'auteur.* — Malgré l'espoir exprimé ainsi, je ne devais pas revoir le camarade de combat atteint de trois coups de feu sous mes yeux, et à qui je m'intéressais spécialement, avec l'espoir de voir enfin la médaille militaire placée sur la poitrine de ce brave : Jourdan François est décédé, aux Pioliers, trois semaines après avoir écrit la lettre qui précède et qui affirme les cordiales sympathies que se gardent réciproquement les combattants du 45e de ligne et du 17e bataillon de chasseurs à pied en souvenir de cette journée du 16 août 1870, comme de la bataille de Frœschwiller elle-même.

Paris, 28 septembre 1902.

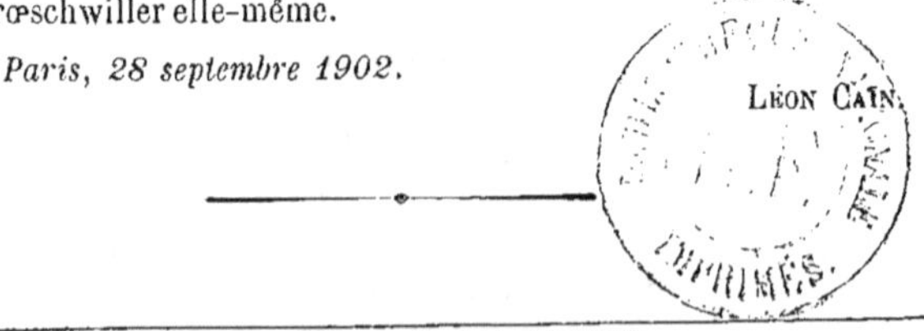

47596CB00003B/1055